AF475264

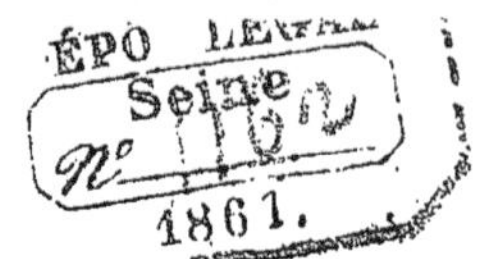

LA FRANCE

ET

L'ANGLETERRE

PARIS. — IMPRIMERIE DE W. REMQUET, GOUPY ET Cie,
rue Garancière, 5, derrière Saint-Sulpice.

LA FRANCE

ET

L'ANGLETERRE

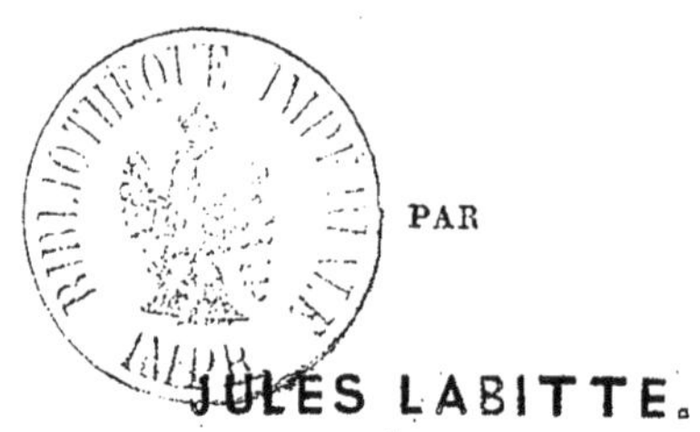

PAR

JULES LABITTE.

PARIS
CH. DOUNIOL, LIBRAIRE-ÉDITEUR
rue de Tournon, 29

1861

LA FRANCE

ET

L'ANGLETERRE

Deux principes opposés ont prétendu de tout temps au gouvernement et à l'empire du monde ; tous deux se vantent de l'avoir civilisé, mais non pas avec des droits égaux ; les faits l'attestent ; on peut les désigner sous le nom de principe spirituel et principe matériel : l'un représente les aspirations généreuses vers la justice et vers le bien, qui constituent la meilleure partie de l'essence humaine ; l'autre représente les passions égoïstes où vient aboutir toute barbarie, soit qu'elle vive au milieu des forêts sauvages ou dans les somptueux palais des Sardanapales et des Balthazars anciens et modernes.

Dans les premiers temps, les vieux empires assyriens, égyptiens et babyloniens se précipitent les uns contre les autres, et la supériorité reste toujours au principe spirituel et le plus civilisateur, représenté par Sésostris le Grand, par le Mède Arbacès, par Cyrus le Grand, et les nations distinguées par leur courage et leurs autres vertus naturelles, dont ils sont la plus haute personnification. Tous les peuples de l'Orient, par la suite, retombent insensiblement vers le ténébreux égoïsme de la barbarie et sont, à leur tour, surpris et vaincus par l'énergie morale et l'activité intellectuelle des Grecs dirigés par Miltiade, Thémistocle, Pausanias, Aristide, Cimon, Agésilas et Alexandre enfin. Mais bientôt les trésors de la civilisation grecque disparaissent ensevelis sous les ruines sanglantes amoncelées par des guerres fratricides, et tous ces astres lumineux, qui brillaient sur les régions helléniques, maintenant dispersés à tous les points de l'horizon, s'inclinent obscurcis et descendent vers les abaissements de la barbarie. Un peuple nouveau, doué des qualités nécessaires et du génie organisateur et administratif, réunit sous une même autorité toutes les grandes familles humaines que l'on appelle nations, et rassemble toutes les lumières de la sagesse des peuples en un seul faisceau pour le jeter aux pieds de l'Homme-Dieu, l'anéantir sous la divine folie de la Croix, et le faire disparaître au milieu des clartés infinies qui s'élèvent du Calvaire, illuminent le Capitole et noient l'univers entiers dans des splendeurs dont il avait perdu le céleste souvenir.

Voilà comment l'élément spirituel de civilisation s'est posé d'une manière souveraine dans le monde, où il doit triompher à la fin. Mais l'élément matériel de barbarie n'a pas disparu, toujours il résiste et lutte contre son adversaire;

il renverse la superbe et luxueuse Rome sous le glaive d'Alaric; l'empire d'Orient se soutient plus longtemps; mais Constantinople, livrée à toutes les incertitudes de la doctrine, à toutes les folies de l'hérésie et à tous les déportements de la matière, succombe enfin sous une barbarie plus vigoureuse qui, portée sur les ailes de l'Esprit de mensonge et de féroce ambition, menace d'asservir tous les peuples sous le joug odieux de l'islam.

L'Italie, cette première terre abreuvée par le sang des martyrs chrétiens, fut aussi la première à engager la lutte contre la barbarie mahométane et contre celle des sauvages tribus du Nord par ses armes d'abord, et surtout par les vaillants apôtres qu'elle envoya pour établir le règne spirituel et civilisateur de l'Évangile, au milieu des épaisses ténèbres où notre Europe était alors plongée. Aussi l'esprit italien ou chrétien domine au milieu de nos temps; le Dante et l'Ange de l'École éclairent les progrès des peuples nouveaux qui se forment.

Cependant l'Italie retourne à l'ancien luxe de la barbarie païenne; croyant ressusciter à la sagesse, elle redevient l'esclave de l'élément égoïste et matériel; elle perd son autonomie, et elle serait tombée tout entière sous la domination des étrangers sans la perpétuelle et ferme résistance du principe spirituel de civilisation, dont le trône, fixé d'une manière inébranlable au cœur de la péninsule italique, fit de cette contrée le patrimoine et le rendez-vous commun, consacré par le respect et l'admiration de tous les peuples.

L'Italie laisse échapper de ses mains le sceptre intellectuel; une autre nation, sortie victorieuse d'une lutte de huit cents ans contre la barbarie musulmane, après avoir reconquis pied à pied le sol de sa patrie et servi de boulevard à l'Europe contre les féroces sectateurs de Mahomet, étend son influence éminemment chrétienne sur le reste de l'univers, et combat dans la personne de Charles-Quint et de Philippe II, l'élément égoïste, matériel et barbare, qui *renaît* au sein même de l'Europe sous le nom de protestantisme. Ce peuple a bien mérité de la civilisation ; mais, bientôt possédé par la soif de l'or qui s'offre à lui dans ses nouvelles possessions transatlantiques, il déserte en masse, il abandonne en foule cette patrie qu'il s'est acquise au prix de si grands et de si longs sacrifices , et son influence s'éteint dans l'obscurité de ses guerres intestines. Deux grandes nations se partagent ensuite et se disputent la prépondérance dans le monde : d'un côté, la France qui vient de chasser l'Espagnol de son territoire, et l'Angleterre qui n'est plus gênée dans ses efforts d'extension depuis que les tempêtes ont détruit à son profit l'invincible Armada.

L'influence anglaise, grâce à sa marine, s'étendit d'abord avec plus de facilité que l'influence française, mais toutes deux se rencontrèrent bientôt sur tous les points du globe, et le plus souvent pour se combattre. Au point où les choses en sont venues, l'issue de cette lutte entre deux éléments de civilisation aussi contraires que l'élément spirituel et civilisateur représenté par la France et les nations catholiques, et l'élément égoïste et matériel de barbarie représenté par l'Angleterre à la tête des peuples protestants et incrédules, l'issue de cette lutte , disons-nous , ne saurait tarder longtemps à se déclarer et à donner la prépondérance à l'un des deux peuples. Quelle sera cette fin ? Si le monde a fait déborder par ses crimes la coupe de la colère céleste, nous ne sommes pas loin d'assister au triomphe de la barbarie ; mais si le Dieu qui a sauvé le genre humain au prix de son sang et qui a dit à ses disciples : Je serai avec vous jusqu'à la consommation des siècles, daigne jeter sur nous un regard de miséricorde et intercéder auprès de son Père éternel en faveur des nations coupables, nous verrons assurément le triomphe définitif de l'élément spirituel et civilisateur, par celui de l'Évangile et de la foi. Ce prodige est facile à celui qui fait sortir la lumière des ténèbres, et les ineffables beautés de la nature des horreurs sans nom du chaos.

Hâtons-nous d'ajouter que si le principe anglais avait dû l'emporter sur celui de la France, il l'aurait fait depuis bien des siècles, lors de la désastreuse guerre de cent ans ; mais il recula devant le glaive et le courage surnaturels d'une héroïque et sainte vierge envoyée d'en haut, pour sauver la vraie civilisation en sauvant la nationalité française et le génie chrétien.

Ce grand duel humain, qui n'est qu'un pâle reflet de celui qui se livre dans les régions supérieures du monde moral, et que les annales de l'histoire nous présentent comme l'un des caractères permanents de l'humanité, nous l'avons aujourd'hui sous les yeux. Cette lutte ne peut être funeste à notre pays, s'il est fidèle à sa mission civilisatrice, et s'il se montre toujours digne, comme nous en avons la confiance, de porter l'épée illustre et victorieuse des Gaulois et des Francs. Nous allons plus loin, et nous ne craignons pas d'affirmer que les plus grands intérêts, le salut même de la France reposent dans la perpétuité de cet antagonisme. L'Angleterre le comprend si bien, que malgré son incurable haine contre la France et le nom français, elle tente les efforts les plus inouïs et fait les plus grands sacrifices à son orgueil pour tâcher de subordonner nos intérêts aux siens, pour pervertir notre sens moral et nous isoler enfin par une énervante dégradation au milieu des conflits européens et des invasions plus ou moins prochaines de la barbarie du nord, sauf à s'appuyer sur notre bras à l'heure du danger commun.

Mais la France n'a jamais reconnu la légitimité de semblables prétentions; elle n'est pas une société de marchands armés et réunis par la seule avidité du gain et la soif de l'or; elle travaille pour vivre et combat pour soutenir la justice et venger son honneur. La France n'est pas une nation livrée à toutes les misérables incertitudes, à toutes les folies et à tous les vices des innombrables sectes protestantes; notre bon bon sens national a fait prompte justice de tout cela; la France possède la noblesse, la grandeur et l'unité dans sa nationalité politique, parce qu'elle a su conserver la simplicité, la grandeur et l'unité de sa foi religieuse, et dans cette unité réside le secret de sa force, de l'élévation de son cœur, et de la supériorité de son génie et de ses armes.

L'esprit anglais ne peut gagner et se propager en France que par l'affaiblissement et l'extinction de l'esprit français. La force et la vie de l'un sont l'amoindrissement et la mort de l'autre; assez et trop longtemps nous avons pris et admiré les mœurs des Anglais, et leurs usages de trivialité vulgaire et malséante et de sans-façon incompatibles avec le sentiment de ce qui convient, inné dans toutes les âmes françaises. La disparition d'une étiquette raisonnable de notre politesse traditionnelle, les penchants égoïstes d'un cruel et malhonnête industrialisme, les fièvres insensées et les criminelles catastrophes d'un agiotage effréné qui depuis l'anglais Law, ont battu en brèche notre vieille probité financière, la léthargie morale et les aveuglements de conscience de l'indifférentisme religieux, que nos philosophes rationalistes ont importé chez nous d'outre-Manche, l'impatience de toute espèce d'autorité le déréglement et le dévergondage dans les intelligences et les cœurs, où l'on essaie d'entraîner le peuple français, malgré les efforts contraires de la meilleure partie de la nation ; tous ces malheurs publics sont autant de victoires remportées par l'esprit anglais sur le génie français. Ne pouvant nous vaincre par la force ouverte, il se cache, il dissimule, et comme un vil insecte, il attaque dans sa racine cet arbre majestueux qui porte les destinées de la France, et qui debout depuis quinze siècles a triomphé de tant d'orages et de tempêtes amoncelées contre lui.

Gardons-nous donc des pernicieuses insinuations de son esprit corrupteur et perfide, ou sinon l'Angleterre nous dominera bientôt par l'influence de sa propagande protestante et subversive, elle nous dominera par ses capitaux, par son commerce, par ses ministres, par ses livres, par sa profonde immoralité, par ses ruses et ses mensonges, par ses doctrines dissolvantes, et elle nous fera descendre aussi bas que possible, jusqu'à ce qu'enfin elle n'ait plus qu'à mettre le pied sur notre tête et à l'écraser dans l'insolente ivresse de son orgueil triomphant.

Il est donc certain que l'Angleterre représente et favorise

au milieu de l'Europe l'élément égoïste de cette prétendue civilisation qui, par des chemins riants et fleuris, vient nécessairement aboutir à tous les excès des siècles les plus barbares. Cette persévérance d'un peuple, d'ailleurs remarquable par divers traits de caractère, dans une voie coupable, il faut l'attribuer au mauvais emploi de ses qualités et à leur exagération démesurée au point que, détournées de leur but originel et primitif, elles ont dégénéré presque toutes en défauts et en vices monstrueux. Le peuple anglais, en effet, s'exagère toute chose; cela tient à son état habituel d'exaltation tout intérieure et concentrée; mais ce qu'il s'exagère surtout, c'est son importance, et cet orgueil excessif l'a jeté dans la voie des égarements où il se précipite toujours plus avant; aussi n'a-t-il pas hésité à se rendre solidaire des fautes et des crimes de ses souverains et de ses chefs, qui tout en augmentant la puissance matérielle de cette nation, détruisaient en elle toutes les bases de la vie morale. C'est ainsi que le peuple anglais en est arrivé à représenter dans le monde l'industriel peu scrupuleux, tandis que le peuple français demeure toujours le peuple généreux et guerrier, qui sait se dévouer en masse au triomphe d'une idée et d'un sentiment juste, grand, noble et bon; l'Anglais ne sait se dévouer qu'à l'utile, à l'intérêt; c'est toujours là le mobile fondamental de toutes ses entreprises; l'Anglais rapporte tout à lui, le Français rapporte tout à l'idée pour laquelle il combat.

Il y a des admirateurs quand même de l'Angleterre qui nous disent que ce pays est encore celui où la morale politique se manifeste avec le plus de liberté. Chaque citoyen, nous dit-on, de cette république marchande a le droit par des représentants de son choix, de demander compte au gouvernement de ses faits et gestes ; le moindre journaliste accuse impunément le pouvoir de cruauté, d'injustice et de malversation ; et le pouvoir est obligé de rendre aux citoyens un compte exact et justificatif de son administration.

Quoi qu'il en soit de cette liberté, de ses avantages et de ses inconvénients, il faut reconnaître d'abord que le gouvernement anglais ne fait jamais connaître sa pensée politique, dont il a soin de ne présenter que la partie avouable et séduisante pour la nation, et qu'il s'inquiète peu des injures et des demandes qui lui sont adressées ; mais en outre, ce que les admirateurs du système anglais ne considèrent pas assez, c'est que le gouvernement anglais est le débiteur de la grande masse des citoyens ; qu'il est un débiteur insolvable, à cause de l'effrayante énormité d'une dette publique qu'il n'ose plus avouer, et enfin qu'il tient par là dans sa main la fortune de la meilleure partie de la nation, et l'intéresse ainsi autant que lui-même au triomphe de toutes ses injustices. Toutes les pensées, tous les sentiments, et toutes les ambitions du peuple et du gouvernement anglais ne sont donc pas distincts les uns des autres.

Cette intimité de rapport est la force des Anglais en ce qu'elle entretient le sentiment d'une sorte d'unité nationale, elle fait aussi leur malheur en ce qu'elle détruit, pour ainsi dire, et rend impossible les manifestations efficaces et toutes-puissantes de la conscience publique, et que dans cet état de choses, la conscience particulière n'étant plus guidée que par la morale de l'intérêt, elle étouffe les sentiments de bonté, de justice et de droiture qui résident au fond de toute âme humaine, et sont le rempart le plus sûr et le plus inexpugnable contre les envahissements du mal, principe de ruine pour les sociétés. Cette observation nous explique, après la nature, la raideur et l'orgueil du peuple anglais ; il se sent en possession d'asservir les consciences avec son or, il méprise le reste de l'espèce humaine et la regarde comme une *denrée* qu'il peut acheter et vendre au gré de ses désirs et de ses caprices ; il ne pèse, et n'estime rien qu'au poids de l'or où il se repose par dessus tout, il regarde l'or comme la seule force et comme l'unique levier avec lequel il prétend soulever le monde ; il ne comprend pas que ce levier doit un jour se briser entre ses mains, et renverser sous ses débris quiconque osera s'en servir pour le même emploi. Se croyant assuré de cette possession physique et morale de l'univers, l'Anglais se livre à tous les vices d'une vie oisive et matérielle, il se met peu en peine d'acquérir une véritable instruction, et consume son existence dans des opérations de lucre, dans des lectures insignifiantes ou des plaisirs nauséabonds. On sent qu'il manque à ce peuple un mobile d'en haut ; il est dévoré au milieu de son opulence d'un incurable *ennui*. Il s'ennuie partout, il s'ennuie toujours. Le *spleen* anglais est l'antique Veternus du poëte matérialiste de Rome; c'est le même vide que rien ne comble, le même déchirement que rien ne guérit, la même désolation que rien ne peut consoler : ce sentiment identique chez deux peuples séparés par tant de siècles est amené par la même situation morale ; c'est une amère satiété de toute chose, qui a tout éprouvé sans pouvoir jamais s'arrêter à rien ; c'est l'anéantissement de la vie spirituelle amené dans les premiers degrés de l'échelle sociale par tous les excès de la matière, et dans les dernières classes de la nation anglaise, c'est l'abrutissement de l'esprit, causé par l'abus des spiritueux. Telles sont les déplorables extrémités où l'exécrable soif de l'or : *auri sacra fames*, a conduit ce peuple qui s'est égaré dans ses voies.

Cette insatiable cupidité réunit en Angleterre la conscience publique à la conscience administrative, même coupable, lorsqu'il s'agit de justifier une tentative criminelle, mais utile à l'intérêt général, et lorsqu'elle viole ouvertement les lois les plus sacrées du droit des gens, dans l'intérêt de son commerce, comme lors du bombardement de Copenhague, et dans mille autres circonstances qu'il serait trop long d'énumérer; pas un de ses citoyens, pas un Aristide, chez elle ne le trouve mauvais, et dit : C'est très-utile, mais c'est très-injuste. S'il s'est autrefois rencontré parmi le peuple anglais quelques âmes assez honnêtes pour accuser et flétrir l'horrible gouverneur des Indes, Hastings, le même peuple vit d'un œil indifférent ce grand coupable, ce moderne Verrès réhabilité, prendre place dans la plus haute magistrature, et n'a pas désapprouvé son élévation à la pairie d'Angleterre. S'il y eut des amis de l'humanité pour elle-même, et des hommes généreux et clairvoyants dans ce pays comme les Wilberforce, les Burke, les Fox et les Chatam, lorsqu'à bout de résistances le gouvernement anglais consentit à diminuer les impôts de ses fortes et menaçantes colonies américaines et à faire cesser la traite des noirs, y a-t-il eu de nos jours dans toute l'Angleterre un seul cri de réprobation contre les cruautés épouvantables au moyen desquelles la Compagnie des Indes a cru pouvoir réprimer les efforts d'une antique, illustre et grande nationalité secouant avec la fureur du désespoir le joug affreusement tyrannique de cette impitoyable compagnie de marchands.

A quoi cela tient-il? C'est, encore une fois, que l'Anglais est avant tout marchand, et qu'il n'admet en cette qualité qu'une morale : celle de l'intérêt. Le gouvernement protége par tous les moyens possible les affaires des citoyens; en retour, ceux-ci favorisent par leur concours énergique les affaires du gouvernement ; et ces affaires quelles sont-elles? Acheter *tout* le meilleur marché que l'on peut, et vendre *tout* au plus offrant. L'un achète et vend des peuples et des royaumes, l'autre étend son négoce à toute espèce de produit. Vous prenez ces champs d'indigo, ces plaines de cannes à sucre, ces bois de sandal, d'acajou, d'orangers et de citronniers, qui ne sont pas à vous ; cela me convient, dit le marchand anglais, et cela me coûtera moins cher; les dangereux poisons que vous vendez abrutissent et tuent des millions d'infortunés : cette considération n'entre pas dans le cercle de mes affaires, répond le marchand anglais ; mais vous attentez à la loi du Christ que vous adorez : je suis seul juge entre ma conscience et Dieu, je suis le seul interprète de la loi divine, et je ne reconnais à personne le droit de contrôler mon interprétation ; voilà ce que répond le protestant anglais. Une conscience qui raisonne ainsi doit nécessairement justifier tous les crimes les plus affreux, et le peuple où réside une pareille conscience est le plus mortel ennemi de tout le genre humain.

La France, au contraire, n'a jamais accepté la solidarité des actes de son gouvernement toutes les fois qu'elle n'a pas concouru librement à leur exécution; toujours elle a réprouvé les crimes politiques, même utiles à ses intérêts. Si la conscience publique en France a toujours protesté contre toute espèce de crimes politiques commis par ses gouvernants quels qu'ils soient; si elle n'a jamais accepté la responsabilité morale des actes administratifs : cela tient d'abord à son génie particulier, à son caractère originel d'indépendance morale, et aux institutions qui en résultèrent; enfin, aux vertus proverbiales et à la noble fermeté de ses grandes assemblées, « qui jamais ne firent, comme le Parlement d'Angleterre à « Henri VIII, le lâche abandon du spirituel et du temporel; « lui passant tout en faveur de sa haine pour le Saint-« Siége (1), » et qui toujours soutenues par l'opinion publique dans la défense et le soutien de la justice et de l'honneur, firent éclater le plus pur héroïsme civil devant l'arbitraire excessif du trône, comme en face de l'anarchie soulevant un peuple troublé par l'esprit de révolte et de sédition; de sorte que toujours la nation française régna véritablement par le pouvoir qu'elle s'était donné, en le surveillant, l'encourageant, et le redressant selon les circonstances. La France n'a jamais abdiqué la liberté de son jugement moral pour son profit matériel, et c'est l'entier dégagement de cette liberté morale résidant au sein de la nation française, qui fut le but constant du grand travail qui s'est accompli chez elle pendant les longs siècles où la royauté toujours soutenue par le concours populaire, s'efforçait de faire disparaître les divisions qui ruinaient notre pays, et de rendre l'unité à cette grande nation gémissant dans l'impuissance, morcelée, torturée

(1) Président Hénault.

qu'elle était par une multitude de petits et cruels souverains, dont les tyranniques vexations s'opposaient à tout progrès de la justice et du bien. Tout en France vint donc aboutir à l'autorité royale sanctionnée, maintenue elle-même dans les voies de la justice, par la conscience publique ayant pour organes habituels les Conciles, les Parlements et les États-généraux. Dès l'instant où la monarchie française repoussa cet auxiliaire indispensable et cette base nécessaire de son autorité, la nation s'éloigna d'elle, et finit aussi par l'abandonner à son tour, tant il est vrai que la société ne peut vivre sans les éléments divers qui la composent, pas plus que l'individu ne peut se passer des éléments de la société. Cette nation française si dévouée de tout temps à la monarchie qui l'a faite si grande, insulte à la dépouille mortelle du grand roi dont l'erreur fut de vouloir étouffer toute expression de la conscience et de l'opinion publiques ; elle couvre Louis XV du dernier mépris, parce que n'ayant ni la force de Richelieu, ni la grandeur de Louis XIV, ce prince voulut éloigner des désordres de son règne les regards scrutateurs de son peuple, et se débarrasser de la gênante surveillance exercée par les grandes assemblées du royaume.

La réaction de l'esprit public fut terrible. Privée de sa participation légitime dans les affaires, et pervertie par les doctrines subversives venues d'outre-Manche, saisie d'une douloureuse indignation à la vue des désordres d'une cour si longtemps l'objet d'une respectueuse admiration, emportée par une frayeur vertigineuse en pressentant la ruine prochaine de cette vieille et glorieuse monarchie qu'elle regardait comme son plus ferme appui, la nation française renversa d'une main criminelle ce trône qu'elle avait soutenu pendant quatorze siècles; puis elle défendit, dans une lutte gigantesque contre tous les peuples de l'univers, son indépendance physique et morale, et sa liberté de conscience et d'élection; de sorte qu'il est vrai de dire que la révolution française et toutes ses conséquences ne furent pas moins amenées par les erreurs et les fautes de la monarchie, des chefs et des princes, que par les excès réactionnaires et les fureurs criminelles de la nation.

La France, on le voit, n'a donc prêté son libre concours au pouvoir que pour établir le règne définitif de la justice, et cette volonté domine chez elle toute autre considération. L'Angleterre s'est jointe à son gouvernement, ou l'a repoussé selon les exigences de ses intérêts matériels. Ces caractères distinctifs se retrouvent dans toute l'histoire de ces deux peuples et jusque dans les crimes qui ont souillé leurs diverses révolutions.

Telle est la différence des principes qui ont présidé à la formation et à l'accroissement de ces deux peuples; l'Angleterre s'est formée sous l'influence du principe d'intérêt, la France s'est constituée pour dégager de toute entrave les principes de juste mesure dont elle est fidèle dépositaire, et pour conquérir la force indispensable à leur défense et à leur propagation.

Voilà comment la France n'adopte les intérêts d'un pouvoir que s'il défend les intérêts de l'honneur, qui seront toujours, quoi qu'on en dise, pour le peuple français, les intérêts souverains auxquels il n'hésitera jamais à sacrifier toutes ses richesses et sa vie même, s'il en est besoin; voilà comment l'Angleterre confond ses intérêts avec ceux de tout gouvernement qui l'enrichit, fût-il souillé de tous les crimes ; voilà comment la conscience publique en France est toujours puissante et libre dans les appréciations des actes administratifs, éclairée qu'elle est par l'idée du bien absolu, vers lequel ses regards se tournent toujours avec complaisance, et qui est la règle suprême de ses jugements ; enfin voilà comment en Angleterre la conscience publique est subordonnée à la morale de l'intérêt, ou plutôt comment elle n'existe pas.

Cette séparation de la conscience publique et de la conscience administrative en France, est le résultat nécessaire venant, par l'impitoyable logique des choses et l'enchaînement rigoureux des faits historiques et moraux, à la suite de la séparation du pouvoir civil et religieux ; l'État n'ayant pas de religion officielle, les gouvernants agissent selon leur conscience individuelle, et la nation approuve ou réprouve les actes de son gouvernement, selon que sa conscience personnelle le lui dicte. Lorsqu'il y avait en France une religion de l'État, c'est toujours librement que le peuple français, depuis les compagnons de Clovis, consentit à marcher avec ses chefs et ses monarques à cette lumière nouvelle du christianisme, dont l'éclat et les bienfaits allaient croissant de siècle en siècle. A cette époque, assez rapprochée de nous encore, une loi supérieure à toute législation humaine réglait la conscience du pouvoir et celle de la nation, et entretenait dans tous les développements de leur activité politique et morale, la sublime harmonie de l'unité dans la vertu ; mais lorsque cette unité fut brisée par les représentants et les soutiens du pouvoir, la conscience publique, soumise encore à ses antiques principes religieux et moraux, se troubla d'abord, incertaine, ébranlée; elle refusa bientôt toute espèce de concours au pouvoir, et reprit son entière liberté d'examiner, de juger et de contrôler tous les actes du gouvernement, qui fut obligé de reconnaître la nécessité de cette séparation morale, et d'émanciper la conscience et le culte public; il avait abandonné les règles morales qui lui étaient communes avec la nation; il en adopta de nouvelles et d'étrangères; de son côté, la nation se réserva le droit de prendre pour elle-même celles qui lui paraîtraient convenables; et cette séparation de la conscience administrative et de la conscience publique a pu sembler regrettable au premier abord, mais elle a sauvé la France en sauvant son honneur et en conservant toujours ouvertes devant elle les voies magnifiques du juste, de l'honnête et du bien.

Lorsqu'en Angleterre le pouvoir brisa par le crime les liens moraux qui réunissaient sa conscience dans l'unité des mêmes principes avec la conscience du peuple, cette nation, loin de reprendre, comme la France, sa liberté morale, se soumit après quelques efforts, laissa enchaîner sa conscience, qu'elle vendit à son gouvernement pour un peu d'or, et sanctionna tous les crimes au moyen desquels ce gouvernement immoral réussit à fonder dans ce pays l'unité de la conscience publique et administrative, qui n'est véritablement que l'unité dans le crime et l'immoralité. C'est là ce qui a perdu le peuple anglais, ce qui l'a rendu dans le monde le représentant et le soutien de toutes les mauvaises passions, et ce qui doit infailliblement faire retomber sur sa tête tous les fléaux dont il a semé le germe dans l'humanité.

Ceci nous amène à notre plus grave et dernière observation : le culte religieux.

La religion a toujours été regardée chez tous les peuples comme la plus grande prérogative et le plus grand intérêt de l'homme ; c'est par là surtout qu'il se distingue de la brute ; c'est la religion qui l'élève au-dessus de la triste planète où il traîne dans la souffrance et le deuil sa pénible journée, et le fait participer à toutes les harmonies des mondes et des êtres plus heureux et plus favorisés que lui ; c'est la religion seule qui donne la véritable vie digne des êtres raisonnables, prolonge indéfiniment leur existence au-delà de la tombe, et fait de la mort le seuil d'une vie nouvelle ; la religion ne met pas de bornes à la durée de l'homme non plus qu'à ses espérances, elle seule possède la solution des grands et terribles problèmes de la vie et de la mort, insolubles à l'esprit humain ; elle seule possède la raison de la vie, laborieuse journée d'épreuve, et la raison de la mort, sommeil paisible et doux, réveil plus consolant encore pour le mortel qui fut consciencieux à remplir la tâche divine, et fidèle à tous les devoirs qui lui furent imposés d'en haut. C'est aussi la religion seule qui rend la vie des sociétés humaines durable, parce qu'elle leur apprend à connaître des intérêts supérieurs à ceux de la terre ; elle aplanit les contestations, elle adoucit et empêche la perpétuité des guerres suscitées par les passions égoïstes ; les intérêts qu'elle représente sont ceux du juste, de l'honnête et du bien. Tels sont les intérêts qu'elle enseigne à préférer à tous les autres, qu'elle défend avec une constance qui ne se dément jamais, et avec une vigueur qui grandit par les obstacles et les contradictions venus d'en bas. Aussi est-ce par la religion seule qu'il est donné aux peuples de perpétuer leur durée, car elle seule représente au milieu de leurs transformations, de leurs changements successifs, et de leur caducité originelle, l'immuable morale de l'éternel auteur de tous les êtres.

L'histoire entière montre que la première chose qui tombe et présage toujours la ruine d'un peuple en décadence, c'est l'affaiblissement plus ou moins sensible, et la disparition plus ou moins complète de l'idée religieuse,qui a présidé à sa formation et à ses développements dans l'espace et la durée; de manière qu'il ressort avec la plus rigoureuse vérité des données de la plus saine philosophie, et des enseignements les plus positifs de l'histoire, qu'un peuple qui abandonne ou perd sa religion est un peuple dont l'existence politique est achevée, un peuple dont la ruine est prochaine et s'avance à grands pas. De même que le monde ancien se soutenait par le paganisme d'où il tirait sa force et sa vie nécessairement factices et limitées, comme le principe païen, et devait succomber lorsque, par le concours des circonstances, le paganisme cessa d'exister comme culte sérieux, et qu'il fut dès lors impuissant à conserver les nationalités auxquelles il avait servi de créateur, de base, et d'aliment spirituel : ainsi le monde moderne formé sur les débris du paganisme par un principe diamétralement opposé, ne peut retourner à l'élément païen sans se condamner à la ruine et à la mort.

Les conditions de prospérité, de force et de vitalité morales sont complétement changées depuis que la morale chrétienne a complétement ruiné tout le crédit des institutions païennes; les triomphes définitifs de la matière sont passés, et avec eux la supériorité des peuples dont le premier mobile est l'acquisition de la puissance exclusivement matérielle ; l'Angleterre est la nation la plus riche du globe, et cependant c'est la dernière dont les autres veuillent subir l'influence ; et le motif de cette répulsion générale, c'est que le peuple anglais est plus que tout autre antipathique aux aspirations des temps modernes en travaillant de toutes ses forces à la résurrection de l'élément païen.

Il était, en effet, de l'essence du paganisme de devenir entre les mains du pouvoir un élément d'autorité propre à gouverner plus aisément des peuples privés d'ailleurs de toute espèce de vie morale ; c'est aussi le spectacle que nous offrent les nations païennes depuis les Égyptiens jusqu'aux Romains, et nous voyons encore aujourd'hui l'autorité religieuse réunie au pouvoir administratif dans la Chine et au Japon ; c'est une suite nécessaire de l'impuissance morale du paganisme. Dans les États où domine l'élément païen, les intérêts moraux sont, par une loi fatale, confondus avec les intérêts matériels des sociétés, parce qu'ils ont pour défenseur et pour soutien un seul et même pouvoir.

Bien différente est la nature du christianisme : comme il suffit par lui-même et par lui seul à donner à l'homme toute la plénitude de la vie morale dont il est susceptible, les gouvernements des peuples où il est bien établi n'ont nul besoin de le confisquer, pour ainsi dire, au profit de leur politique et du bonheur moral de leurs peuples ; aujourd'hui leur seule préoccupation doit être de bien administrer les intérêts matériels d'une société qui possède en elle-même beaucoup plus de force et de vitalité morale qu'aucune puissance humaine ne pourra jamais en donner. Plus les peuples chrétiens auront de christianisme, moins les gouvernements auront à s'occuper des intérêts moraux; et moins les principes chrétiens auront d'influence, plus les gouvernements doivent prendre en main la défense des intérêts moraux, sans jamais les absorber entièrement, ni surtout les imposer par la force, mais les laissant se développer en toute liberté. Le christianisme ne s'occupant que des intérêts moraux ne peut être un instrument de pouvoir civil ni de politique administrative; il échappera toujours aux envahissements du pouvoir temporel comme le ciel échappe à la terre; mais aussi ne peut-il prétendre au gouvernement temporel des sociétés sans fausser sa nature, sans devenir infidèle à sa mission, sans frustrer l'humanité des trésors spirituels dont il est l'unique dispensateur, et sans s'exposer au danger de périr avec ceux dont il était chargé d'assurer l'existence et le salut. Il est évident que ceci ne peut s'appliquer en aucune sorte aux États du successeur de saint Pierre, qui ont été reconnus par une expérience séculaire comme un élément indispensable, comme la base nécessaire du monde moral et politique tel qu'il est constitué de nos jours, comme une condition essentielle au libre développement du christianisme dans l'univers, et enfin comme le plus puissant auxiliaire du progrès et de l'accroissement des peuples modernes qu'a formés l'élément chrétien.

L'Angleterre a donc méconnu la nature du christianisme en le forçant à devenir chez elle un moyen de gouvernement civil, et en essayant de lui faire jouer le même rôle chez les autres peuples; elle l'a pour ainsi dire étouffé sous l'élément païen et s'est posée par là même en ennemie du monde moderne, position qu'elle accepte et dont elle subit les conséquences avec l'inébranlable fermeté d'un orgueil satanique, et l'ardeur toujours inassouvie d'une effrayante ambition et d'une insatiable cupidité; mais aussi, position qu'elle cherche à dissimuler avec le plus grand soin, tant chez elle qu'au dehors.

Le haut clergé anglican réprésente assez exactement la situation des riches patriciens de la Rome antique revêtant les insignes du pontificat et briguant les dignités sacerdotales afin d'augmenter leur pouvoir, et de fortifier l'autorité civile contre les séditions d'une plèbe turbulente et contre les tentatives de bouleversements politiques; Jules-César, de très-immorale et très-belliqueuse mémoire, aurait pu figurer sans disparate au milieu des pairs ecclésiastiques anglicans. Le bas clergé anglais court après la fortune, à moins qu'il ne préfère élever paisiblement sa famille au foyer domestique. La Reine enfin, dans les courts instants de loisir que lui laissent les grandes affaires politiques, monte quelquefois sur son trône spirituel, et prétendant avoir reçu la succession et l'autorité de saint Pierre, elle adresse à ses ouailles et sujets quelques avis et proclamations, « pour réprimer les vices, « profanations, débauches, immoralités, *que l'on jette*, dit-« elle. *comme un si grave reproche à la face de sa religion et de* « *son gouvernement* (1). »

L'autorité civile, qui a pour but la défense des intérêts matériels, et l'autorité religieuse, qui n'a d'autre objet que les intérêts spirituels, ne peuvent résider dans un seul et même

(1) Proclamation de la reine, Août 1860.

pouvoir; elles doivent s'exercer sur un plan parallèle dans leurs limites respectives, sans se nuire et sans entraver l'indépendance de leur action; ainsi l'ont compris les Constantin et les Charlemagne, et les débats qui ont rempli le moyen âge, amenés par la nécessité de défendre l'Europe barbare et ignorante contre ses propres vices et ses propres fureurs, servirent en outre à dégager cette importante distinction. La situation même des czars et des sultans confirme cette règle; ils ne peuvent rien dans les matières religieuses sans le concours des synodes ou du muphti, et de plus, ils voient ce genre d'autorité, incompatible avec leur charge, tomber à mesure que la lumière se fait chez leurs peuples, et miner leur puissance; celle de l'autocrate russe est menacée d'une division imminente d'église et de politique dans ses provinces du sud, et le padischah redoute la destruction prochaine de son empire.

Le gouvernement anglais se persuade donc à tort que l'autorité religieuse procède de l'autorité civile; il comprendra trop tard, peut-être, que ce sont deux ordres de choses parfaitement distincts, que l'on ne peut confondre sans les compromettre l'un et l'autre, et que le christianisme ne pourra jamais impunément devenir une machine gouvernementale.

La reine Victoria n'en est pas, en effet, à son premier mandement, et cependant la décadence morale des Anglais est loin de se ralentir; leur conscience n'entend et ne voit plus rien en dehors de leurs affaires commerciales; ce peuple n'a plus la civilisation chrétienne, parce qu'il n'a plus l'intelligence de l'Évangile, dont il veut faire l'instrument de son empire matériel sur le reste de l'univers.

Le vice et la cupidité séparèrent, il y a trois siècles, l'Angleterre du catholicisme ; et la crainte de se voir entravée dans ses entreprises d'iniquité l'en éloigne de plus en plus ; sa haine aveugle, implacable, la porte à l'anéantir chez les nations demeurées fidèles, et à renverser le trône du premier souverain et du premier pontife catholique, qui brillait depuis tant de siècles comme un phare de douce et pure lumière dirigeant le triste pèlerinage de l'humanité vers la béatitude et le repos des rives éternelles.

L'Angleterre aspire à changer la face de l'Europe et du monde, en y faisant disparaître le plus pur élément chrétien, dont l'essence est le catholicisme, désir insensé ! vœu sacrilége ! Un tel changement serait la ruine de notre civilisation ! ce serait le retour à la barbarie ! Détruire le trône pacifique de saint Pierre serait ôter le point d'appui qui soutient le monde moral ! N'importe, rien de tout cela n'effraie l'Angleterre, car elle veut à tout prix régner avec sa religion sur les débris de toutes les autres, et se créer des sujets en se créant des prosélytes et des sectateurs. Mais la France veille, la France, fille aînée du spiritualisme et de l'honneur chrétien, se tient en armes auprès de l'arche sainte qui renferme les destinées du genre humain; la France, qui un moment égarée par les doctrines mensongères et par les tourmentes venues des rivages d'Albion, a repris la pureté, la force et la liberté de l'antique foi de ses pères, ne laissera pas le champ de la civilisation chrétienne, tant de fois arrosé par les sueurs et le sang de nos aïeux, exposé sans défense au pillage et aux dévastations de quelques marchands ambitieux et de leurs stupides et féroces mercenaires !

S'il y a parmi nous quelques hommes coupables qui blasphèment des dogmes qu'ils ignorent et qui enseignent aux masses le mépris de tout culte religieux, la nation française du moins possède et développe encore assez d'activité morale pour résister victorieusement à toute tentative de dissolution et d'abaissement, qu'elle vienne du dedans ou du dehors ; elle ne se laissera pas influencer par les mensonges, les menaces ou les perfides flatteries de ses astucieux voisins.

Le peuple anglais ne cesse de calomnier nos gouvernements et de nous couvrir de honte et de mépris, il fait contre nous des armements formidables, et nous l'avons entendu nous menacer d'un second Waterloo ! il n'a jamais craint d'allumer et d'entretenir la guerre universelle et de mettre l'Europe en feu toutes les fois qu'il y a trouvé son intérêt, parce qu'il est conséquent dans son colossal orgueil et dans son indomptable perversité. Les Anglais aspirent au rang suprême, et vouent à la mort tous ceux qui le leur disputent.

Soyons donc aussi logiques, aussi fermes dans la voie de justice et d'honneur où la France a toujours eu la noble prérogative de marcher à la tête des peuples chrétiens, que l'Angleterre est opiniâtre et patiente dans les sentiers d'iniquité qu'elle va sans cesse élargissant de génération en génération.

La situation morale, l'énormité de la dette et des taxes, le paupérisme, le réveil du peuple, la substitution certaine dans un temps donné d'un moteur plus puissant et moins dispendieux que la vapeur, l'irrésistible concurrence industrielle des autres peuples : tels sont les dangers de l'Angleterre et les avantages de la France ; mais la force invincible de notre pays sera dans un retour franc et vigoureux vers les convictions et la morale catholiques : immortel principe de vie pour les âmes, gage infaillible de supériorité pour les nations.

Ce qui doit caractériser, en effet, les temps modernes, leur seul moyen de salut, c'est la réaction victorieuse de la vraie civilisation chrétienne contre la barbarie de l'égoïsme païen, c'est le triomphe définitif de l'élément spirituel sur l'élément matériel dans l'humanité.

14 février 1861.

JULES LABITTE.

www.ingramcontent.com/pod-product-compliance
Ingram Content Group UK Ltd.
Pitfield, Milton Keynes, MK11 3LW, UK
UKHW021029200726
13857UKWH00004B/1672